Schneider-
Buch

Dieses SchneiderBuch
gehört

Geschenkt von

CIP-Titelaufnahme der Deutschen Bibliothek

Inkiow, Dimiter:
Ein Sonnenstrahl auf großer Fahrt / Dimiter Inkiow. Ill. von Michaela Reiner. – München : F. Schneider, 1988.
(Erstes Wissen)
Nebent.: Erzähl mir von der Sonne
ISBN 3-505-09637-7

NE: NT

8000 München 40 · Frankfurter Ring 150

Titelbild/Illustrationen: Michaela Reiner, Fischbachau
Umschlaggestaltung: Hansjörg Langenfass, München
Herausgeber: Monika Raeithel-Thaler, München
Herstellung: Brigitte Matschl
Satz/Druck: A. Huber GmbH & Co. KG, München
ISBN: 3 505 09637-7
Bestell-Nr.: 9637

DIMITER INKIOW

EIN SONNENSTRAHL AUF GROSSER FAHRT

Illustriert von Michaela Reiner

INHALT

Polarwind und Wüstenwind streiten sich

Einmal stritten ein kalter und ein warmer Wind darüber, wer von ihnen der schnellste und stärkste auf der Welt sei. Der Streit war so heftig, daß sich die Bäume auf der Erde bogen und die Schiffe in Seenot gerieten.

„Ich bin der schnellste und auch der stärkste auf der Welt“, heulte der kalte Wind. „Wenn ich eiskalt über der Nordsee tobe, gefriert das Wasser. Schiffe bleiben dann unbeweglich im Eis stecken. Gib zu, daß du so etwas nicht kannst!“

„Aber ich bin im Süden stärker", antwortete der warme Wind. „Wenn du mit mir in den Süden fliegst, wirst du dich wundern, was ich alles kann. Ich bin stärker als du! Wenn ich einen Hurrikan bilde, dann zerstöre ich Häuser und reiße Bäume aus . . . Ich fliege mit

einer Geschwindigkeit von 400 Kilometern pro Stunde, und alle zittern vor mir. Komm, ich zeige es dir . . ."
Und der warme Wind pustete mit aller Kraft. Der Streit der beiden Winde entwickelte sich zu einer Naturkatastrophe.

Schließlich bemerkte die Sonne, daß auf der Erde etwas nicht stimmte. Was war dort los? Die Sonne schickte sofort einen Boten zur Erde: einen Lichtstrahl. Der sollte nachschauen und berichten.
Der Lichtstrahl flog wie befohlen. In 16 Minuten und 37 Sekunden kam er zurück. Woher ich das weiß? Weil die Erde im Schnitt 149 600 000 Kilometer von der Sonne entfernt ist. Und das Licht sich mit 300 000 Kilometern pro Sekunde bewegt.
Um diese Entfernung zu Fuß zurückzulegen, müßte ein Mensch, der 5 Kilometer pro Stunde zurücklegt, 3 415 Jahre und 6 Monate ununterbrochen Tag und Nacht gehen. Ohne zu schlafen. Ohne zu essen. Ohne eine Minute zu ruhen.

Und wenn man überlegt, daß ein Mensch durchschnittlich 70 Jahre lebt, dann müßte er 49mal hintereinander leben und dabei ununterbrochen laufen!
Mit einem Auto, bei einer Geschwindigkeit von 120 km, brauchte man für die Strecke über 142 Jahre Fahrt. Und mit einem Flugzeug, das 1 000 Kilometer pro Stunde fliegt, über 17 Jahre.
Ein langer Weg, nicht wahr?

Die Sonne will wissen, wie sie aussieht

„Erzähle", sagte die Sonne zum Lichtstrahl. „Was ist auf der Erde los?"
„Zwei Winde haben Streit", erklärte der Lichtstrahl. „Zwei dickköpfige Winde streiten darüber, wer von ihnen der stärkste und der schnellste ist. Der eine ist ein eiskalter Polarwind, der zweite ein warmer Wüstenwind. Jeder behauptet, der stärkste der Welt zu sein."
„Wissen die beiden nicht, daß sie Brüder sind und ihre Kraft von mir haben?"
„Das glaube ich nicht. Sie sahen ziemlich dumm aus. Jeder protzte mit seiner Kraft und tobte wie verrückt. Jemand, der klug ist, protzt nicht mit seinen Kräften. Stark oder schwach zu sein – das ist ja kein Verdienst."
„Das stimmt", strahlte die Sonne. Dann fragte sie: „Du hast dich um eine Sekunde verspätet. Jeder Sonnenstrahl, den ich zur Erde schicke, nimmt die Entfernung von 149 600 000 Kilometern in 8 Minuten und 18 Sekunden. 8 Minuten und 18 Sekunden

hin, 8 Minuten und 18 Sekunden zurück. Macht zusammen 16 Minuten und 36 Sekunden. Du brauchtest eine Sekunde länger. Warum?“
„Ich brauchte eine Sekunde mehr, weil ich mir die Streithähne aus der Nähe ansehen wollte. In dieser Sekunde habe ich die Erde siebeneinhalbmal umkreist. Sie hat ja einen Umfang von 40 000 Kilometern. Das war keine Kleinigkeit für mich. Weil Lichtstrahlen normalerweise nur geradeaus fliegen. Mir ist dabei ganz schwindlig geworden.“
„Verstehe“, sagte die Sonne. „Bei 300 000 Kilometern pro Sekunde, der größten Geschwindigkeit, die es überhaupt gibt, ist das ja kein Wunder.“
„Jetzt habe ich meine Arbeit getan. Ich muß jetzt weiter. Auf Wiedersehen!“
Der Lichtstrahl wollte wegfliegen, aber die Sonne hielt ihn fest. Sie sagte: „Warte! Warte!“
„Laß mich los! Warum soll ich warten?“
„Weil ich es will. Vergiß nicht, du gehörst mir.“

„Ich bin nicht dein Sklave."
„Du bist mein Kind."
„Jedes Kind verläßt irgendwann das Elternhaus und geht seiner Wege. Ich brenne schon vor Ungeduld, von dir wegzufliegen."
„Wohin?"
„Ins Weltall. Es gibt dort sicher viel Neues zu entdecken und zu sehen."
„Das hängt davon ab, in welche Richtung du fliegst. Es kann passieren, daß du Millionen und Millionen Jahre ins Leere fliegst und nirgendwo hinkommst. Dann wirst du ein ganz langweiliges Leben haben."
„Das wäre ja schrecklich", entsetzte sich der Lichtstrahl. „Millionen Jahre in der Dunkelheit fliegen, ohne anzukommen?"
„Das passiert den meisten Sonnenstrahlen."
„Aber warum?" fragte der Lichtstrahl.
„Weil alles um uns herum, das heißt das Universum, aus einer riesigen Leere besteht. Nur hier und da ist mal ein Stern, der aus der Nähe groß aussieht. In den unvorstellbaren Entfernungen verschwindet er aber wie ein Sandkorn in einem Ozean."

3 9637-8

„Du hast mir schon Angst gemacht. Was weißt du noch über das Universum?“

„Daß es unendlich groß ist. Und daß es Millionen Sonnen gibt wie mich. Aber keine hat einen so schönen Planeten wie die Erde.“

„Bist du dir da sicher?“

„Fast. Ich habe sehr oft mit Lichtstrahlen gesprochen, die aus Millionen Lichtjahren Entfernung zu mir kamen. Ich schickte sie zur Erde. Und sie bestätigten mir später, daß sie nie so etwas Schönes auf ihrem Weg durch das Universum gesehen hatten.“

„Was ist unendlich?“ fragte der Lichtstrahl.

„Vorhin hast du gesagt, das Universum sei unendlich groß.“

„Unendlichkeit bedeutet, daß du ewig fliegst und nirgendwo ankommst. Und das mit 300 000 Kilometern pro Sekunde. Unendlich sind zum Beispiel die Zahlen, weil du zu jeder Zahl noch eine dazu addieren kannst. Kannst du dir das vorstellen?"
„Nein", seufzte der Lichtstrahl. „Vielleicht bin ich dumm?"
„Sei unbesorgt. Das kann sich kaum jemand vorstellen", beruhigte ihn die Sonne, „ich auch nicht."
Der Sonnenstrahl fragte: „Soll ich jetzt wieder zur Erde fliegen?"
„Noch nicht. Ich möchte dich vorher um einen anderen Gefallen bitten. Fliege um mich herum, und erzähle mir dann, wie ich aussehe! Um mich selber sehen zu können, brauche ich einen Spiegel. So einen Spiegel habe ich nicht. Darum bin ich sehr gespannt, was du mir erzählen wirst."
„Na gut", sagte der Lichtstrahl. „Das mache ich gern."
Und er flog blitzschnell mehrmals um die Sonne herum.

Sind die Sonnenflecken eine Krankheit?

„Na, wie sehe ich aus?" fragte die Sonne ungeduldig.
„Gut siehst du aus. Groß und rund."
„Rund steht mir gut, nicht wahr?"
„Ich finde, ja. Du bist aber ziemlich eitel. Stimmt's?"
Die Sonne sagte beleidigt: „Wie kommst du auf die Idee?"
„Weil dir dein Aussehen so wichtig ist."
„Das ist nur, weil Milliarden Menschen mich jeden Tag sehen. Sie wachen auf, und als erstes schauen sie zum Himmel. ‚Ist es heute sonnig? Ist das Wetter schön?' fragen sie.

Früher haben sie mich sogar vergöttert. Die alten Ägypter nannten mich ‚Sonnengott Ra'. Damals wußten sie noch nicht, daß die Erde rund ist und sich dreht. Wenn ich abends vor ihren Augen im Meer verschwand, dachten sie, ich sterbe. Und sie meinten, ich würde jeden Morgen aufs neue geboren. Das freute sie.
Auch für die alten Griechen war ich ein Gott. Sie nannten mich Apollo. Die alten Inkas brachten mir sogar Menschenopfer dar, was ich sehr schlimm fand. Wenn man dich so vergötterte wie mich, dann würdest du dir auch Gedanken um dein Aussehen machen."
„Ich dachte, in deinem Alter wäre dir das schon egal. Du bist doch sicher nicht mehr die Jüngste."
„Also bitte! Ich bin ein Stern im besten Alter! Ich bin erst runde 5 Milliarden Jahre alt. Für einen Stern sind das die besten Jahre. Ich werde noch so um 10 Milliarden Jahre leben, bevor ich immer kälter und kälter werde und mich schließlich in eine Art Stein verwandele."

„Passiert das den anderen Sternen auch?"
„Sicher. Die Sterne werden geboren und sterben – wie alles auf der Welt. Es gibt Millionen erkaltete Sterne, die durchs Weltall fliegen."
„Ich glaube, du fängst schon an, da und dort kalt zu werden", meinte der Lichtstrahl.
Die Sonne fragte besorgt: „Wirklich? Habe ich etwa schon Falten im Gesicht?"
„Falten nicht, aber dunkle Flecken. Einige habe ich bei meinem Flug um dich herum schnell gemessen. Sie waren fast so groß wie der Erdumfang – vierzigtausend Kilometer."
„Sind es viele?"
„Ich habe sie nicht gezählt", sagte der Lichtstrahl und erklärte weiter: „Sonst bist du überall sehr hell. Du strahlst sehr viel Wärme und Licht aus. Aber da, wo die Flecken sind, bist du weniger warm."
„Mein Gott, ich habe Sonnenflecken . . . Sonnenflecken!" seufzte die Sonne besorgt. „Was mache ich jetzt?"
„Du hast sie vielleicht schon immer gehabt und nur nichts davon gewußt, weil du dich

4 9637-8

nie selber gesehen hast."

„Nein, nein ... Immer habe ich sie sicher nicht gehabt. Ich habe sie wahrscheinlich in letzter Zeit bekommen. Sonnenflecken ... Vielleicht ist das eine Art Krankheit? Wie wird es jetzt weitergehen?"

„Es ist ja vielleicht nichts Schlimmes."

„Nichts Schlimmes? Die Temperatur auf meiner Oberfläche ist überall zwischen 5 500 und 6 000 Grad. Bei solchen Temperaturen darf ich nirgendwo dunkle Flecken haben!"

„Das kann ich nicht beurteilen."

„Du verstehst von Sonnenkrankheiten nichts, das ist ja klar", meinte die Sonne verzweifelt. „Aber ich weiß, wer etwas davon versteht, wer mir sagen kann, ob ich krank bin oder nicht. Das sind die Menschen, die auf der Erde leben. Ich sagte dir ja schon, daß sie mich ununterbrochen beobachten. Sie haben auf den höchsten Bergen der Erde Sonnenbeobachtungsstationen errichtet.

Die nennen sie Sonnenwarten. Wissenschaftler beobachten mich von dort mit riesengroßen Fernrohren, die sie Teleskope nennen. Sie fotografieren mich, messen meine Wärme und Strahlung. Die wissen mehr über mich als ich selber. Bitte, fliege dorthin, und schau dich um. Nur dort können wir erfahren, ob meine Flecken etwas Gefährliches für mich sind. Oh – mir wird schlecht, wenn ich daran denke. Mir wird schlecht ..."

„Ich fliege sofort", sagte der Lichtstrahl. „Und wenn ich mehr weiß, komme ich zurück."

Der Lichtstrahl springt in ein Sonnenteleskop

Seine Aufgabe stellte sich aber als viel schwieriger heraus, als der Lichtstrahl gedacht hatte. Er überflog mehrmals die höchsten Berge, fand dort Hunderte von Hotels und Berghütten, aber keine Sonnenbeobachtungsstation.
Wen sollte er fragen?
Da traf er die beiden streitlustigen Winde. Sie tobten immer noch um die Wette.
„Halt! Stoppt diesen Wahnsinn!" rief der Lichtstrahl ihnen zu.
„Ich halte nur an, wenn der Polarwind zugibt, daß ich der stärkste und schnellste der Welt bin!" rief der warme Wind.
„Und ich . . ., ich halte umgekehrt nur an, wenn der warme Wind zugibt, daß ich der stärkste und schnellste der Welt bin!" heulte der Polarwind.
„Ich muß euch aber was fragen."
„Wir haben jetzt keine Zeit!"
„Ihr müßt mir helfen! Es geht um die Sonne.

Sie ist krank.“
Jetzt wurden die beiden Winde still.
„Was sagst du da?“
„Die Sonne hat Sonnenflecken. Die sind für sie vielleicht der Anfang vom Ende. Sie wird vielleicht bald kalt werden.“
„Das wäre ja schrecklich!“ heulten die beiden Winde. Sie vergaßen ihren Streit und umarmten sich. Auf der Erde unter ihnen begann es zu regnen. Das waren ihre Tränen. Es goß in Strömen. Dabei wurde der warme Wind kälter und der Polarwind wärmer. Auf diese Weise haben sich beide beruhigt.
Der Lichtstrahl fragte: „Warum weint ihr so? Was habt ihr beide denn mit der Sonne zu tun? Seid ihr mit ihr verwandt?“
„Alles auf der Erde ist mit der Sonne verwandt“, erklärten die Winde. „Wenn die Sonne stirbt, dann stirbt hier alles. Auch wir. Unsere Kraft kommt von der Sonne.“
„Dann müßt ihr mir sofort helfen! Wir müssen herausfinden, ob die Sonnenflecken eine gefährliche Krankheit sind. Das können wir nur in einer Sonnenbeobachtungsstation.“

„Woher weißt du das?“
„Das hat mir die Sonne erklärt. Sie sagte, die Menschen wüßten mehr über sie als sie selber. Die Sonnenbeobachtungsstationen sollen sich auf hohen Bergen befinden.“
„Das stimmt“, nickten die beiden Winde. Der warme sagte: „Ich weiß, wo sich die wichtigsten Sonnenobservatorien der Welt befinden. Drei sind in Amerika: am Sacramento Peak, Kitt Peak und Mount Wilson. Von hier aus ist es am nächsten zum Kitt Peak. Dorthin sollten wir sofort fliegen.“

Die anderen folgten ihm. Sie fanden das Sonnenobservatorium auf einem 2 089 Meter hohen Berggipfel. Ein großes Sonnenteleskop, genannt Heliostat, folgte der Sonne am Himmel und reflektierte ihr Licht durch einen Spiegel in einem langen Tunnel. Ein weiterer Spiegel lenkte das Lichtbündel in einen Beobachtungsraum. Dort wurde das verkleinerte Bild der Sonne mit einem Durch-

messer von 76 Zentimetern auf einem Bildschirm sichtbar.
„Warum machen sich die Forscher so viele Umstände?“ wunderte sich der Lichtstrahl. „Warum beobachten sie die Sonne auf einem Bildschirm und nicht direkt?“
„Das kann ich dir erklären“, heulte der Polarwind. „Das weiß ich zufällig. Die Sonne ist viel zu hell für die menschlichen Augen. Wenn ein Mensch mit bloßem Auge in die Sonne sieht, kann er erblinden. Das ist schon oft passiert, weil viele es nicht glauben und es immer wieder ausprobieren. Es gibt nicht nur kluge, es gibt auch viele dumme Menschen auf der Welt.“
„Jetzt muß ich aber da rein“, meinte der Lichtstrahl und zeigte in den Raum, in dem die Wissenschaftler arbeiteten.
„Wir können nicht hinein. Wir warten draußen auf dich“, sagten die beiden Winde.
Sie begannen sich um Kitt Peak im Kreis zu drehen.
Der Lichtstrahl überlegte kurz und schlüpfte in das Sonnenteleskop hinein.

Zwei Astronomen fallen fast in Ohnmacht

Ihr könnt euch die Überraschung der zwei Astronomen vorstellen, als sie den Lichtstrahl auf dem Sonnenbild entdeckten.
„Dieser helle Fleck gehört nicht hierher!" sagte der eine.
„Stimmt", nickte der zweite. „Vielleicht ist mit dem Teleskop etwas nicht in Ordnung."
Jetzt sprach der Lichtstrahl mit menschlicher Stimme: „Ich bin kein Fleck! Ihr sollt mich nicht beleidigen. Ich bin ein Lichtstrahl!"
„Du gehörst aber nicht dorthin."
„Doch, doch . . ., ich bin ein Bote der Sonne."
„Ich werde verrückt! Ein Lichtstrahl, der spricht?"
Die beiden Astronomen schauten sich ungläubig an. Dann fingen sie an, ihre Ohren zu putzen. Sie putzten und hörten weiter die Stimme: „Normalerweise spreche ich nicht. Dies ist aber ein Notfall."
Der Lichtstrahl sprang aus dem Sonnenbild heraus und setzte sich auf den Tisch, mitten

5 9637-8

auf das Heft, in das die beiden Wissenschaftler ihre Notizen machten. Und weil sie total sprachlos waren, fuhr er fort: „Da oben ist etwas Schreckliches passiert! Ihr werdet es vielleicht nicht glauben, aber die Sonne ist dem Zusammenbruch nahe."

„Warum denn?"

„Ihr fragt, warum? Sie hat Sonnenflecken! Riesengroße Sonnenflecken, so groß wie die Erde und viel dunkler als die normale Sonnenfläche. Sie denkt, das ist der Anfang vom Ende. Übrigens, ich habe die Flecken vor einigen Stunden selbst entdeckt, als ich die Sonne umkreiste."

„Sag mal . . .", fragte jetzt der eine Astronom den anderen, „hörst du auch die Stimme, die ich höre?"

„Ich glaube ja. Und du?"

„Ich auch."

„Was sollen wir tun! Ich komme mir verrückt vor."

„Ich auch. Aber wir wissen ja beide, daß es die seltsamsten Dinge auf der Welt gibt. Denk an die Sterne, von denen das Licht nach hundert Millionen Jahren zu uns kommt. Wenn so ein Stern plötzlich explodiert und verschwindet, würden wir es erst nach hundert Millionen Jahren sehen. Ist das nicht auch merkwürdig?"

„Stimmt. Aber ein Lichtstrahl, der spricht . . . und der Fragen stellt?"

„Wir geben ihm Auskunft. Wir tun einfach so, als ob wir jeden Tag mit Sonnenstrahlen sprechen."
„Na gut. Wie du meinst."
„Das finde ich sehr vernünftig", meinte der Lichtstrahl. „Also – sind die Sonnenflecken für die Sonne etwas sehr Gefährliches?"
„Ach wo", sagte einer der beiden Astronomen. „Die Sonne hat seit langer Zeit Flecken. Das ist bewiesen."
„Wirklich?"
„Ja, die erste Beobachtung der Sonnenflecken machte ein deutscher Jesuitenpater, *Christoph Scheiner,* zwischen 1611 und 1625. Das heißt, vor über 370 Jahren. *Galileo Galilei,* der auch in jener Zeit lebte, veröffentlichte 1613 das Werk *Briefe über Sonnenflecken* und machte die Sonnenflecken überall bekannt."
„Das ist ja toll!" Der Lichtstrahl hüpfte vor Freude. „Das bedeutet, die Sonne hat keinen Grund, verzweifelt zu sein."
„Sag mal – machst du dich über uns lustig?"
„Warum sollte ich? Ich bin ein Bote der

Sonne. Sie ist ganz durcheinander, seit ich die Sonnenflecken auf ihrem Gesicht entdeckte. Sie wußte vorher nicht, daß sie Flekken hat. Das ist erklärlich, weil sie keinen Spiegel besitzt. Wüßtet ihr denn, wie ihr ausseht, wenn ihr euch niemals in einem Spiegel gesehen hättet? Ihr solltet ihre Sorgen verstehen."
„Das ist kaum zu glauben, das ist kaum zu glauben", stöhnten die beiden Astronomen.
„Was ist kaum zu glauben?" wollte der Lichtstrahl wissen.
„Das wir beide, erwachsene Menschen, zwei Astronomen, zwei Wissenschaftler, uns mit einem Lichtstrahl unterhalten. Das glaubt uns kein Mensch!"
„Mir würde auch kein Lichtstrahl glauben, daß ich mit euch gesprochen habe! Anstatt hier bei euch zu hocken, sollte ich schon längst im Weltall unterwegs sein. Wir Lichtstrahlen sind sehr beschäftigt."
„Womit?"
„Mit Fliegen. 300 000 Kilometer pro Sekunde ist eine berauschende Geschwin-

digkeit. Bei so einer Geschwindigkeit hat man keine Zeit nachzudenken."
„Das können wir verstehen."
„Würdet ihr auch gern mit meiner Geschwindigkeit fliegen?"
Die beiden Astronomen nickten eifrig: „Und wie gerne . . .! Dann könnten wir etwas ausprobieren, was theoretisch von Einstein schon bewiesen ist. Nämlich, daß bei großen Geschwindigkeiten die Zeit langsamer vergeht."
„Wie soll ich das verstehen?"
„Die Zeit wird langsamer, weil alle physikalischen und chemischen Prozesse dann langsamer verlaufen. Das kann bedeuten, daß ein Astronaut, der mit dieser Geschwindigkeit nach seiner Uhr ein Jahr lang im Weltall fliegt und zur Erde zurückkommt, plötzlich seinen Sohn, den er vor dem Abflug als Baby gesehen hat, bei der Landung als Opa vorfindet."
„Das ist ja unglaublich!"
„Es ist aber so. Die Relativitätstheorie von Einstein sagt: Wenn du mit einer Geschwin-

digkeit von 300 000 km pro Sekunde dich fortbewegst, also mit Lichtgeschwindigkeit, dann bleibt die Zeit für dich stehen."

„Jetzt bin ich ja beruhigt ...", seufzte der Lichtstrahl. „Ich habe mir schon Sorgen gemacht, daß es mir langweilig würde, Millionen von Jahren im Weltall zu fliegen ohne irgendwo anzukommen. Jetzt weiß ich, das ist gar nicht schlimm. Ich werde es gar nicht merken."

„Genau so ist das."

„Das werde ich der Sonne erzählen! Sie wird sich wundern", sagte der Lichtstrahl. Er sprang vom Tisch und begann die Sonnenfotos anzuschauen, die überall an den Wänden hingen.

„Ich möchte euch noch etwas fragen: Warum beschäftigt ihr Menschen euch so sehr mit der Sonne? Sie ist doch so weit weg. Was habt ihr mit der Sonne zu tun? Oder macht ihr das aus lauter Langeweile?"

„Nein, nein!" protestierten die beiden Astronomen sofort. „Wir Menschen haben mit der Sonne sogar viel zu tun. Wir sind sozusagen

in gewisser Hinsicht ihre Kinder."
„Ihre Kinder? Ihr seid doch keine Sonnenstrahlen!"
„Stimmt. Aber die Sonnenstrahlen machen das Leben auf der Erde möglich. Alles, was auf der Erde wächst, gedeiht und sich bewegt, kann das nur mit der Energie der Sonne. Unser Essen – das sind verpackte Sonnenstrahlen."
„Das ist ja höchst interessant. Das möchte ich sehen!"
„Du brauchst nur über die Erde zu fliegen und in einem Obstgarten zu landen. Dann kannst du beobachten, wie die Sonnenstrahlen auf die Bäume fallen. Die grünen Blätter der Bäume nehmen sie auf und binden sie mit einem Stoff, der heißt Chlorophyll. So wächst der Baum. Einige Sonnenstrahlen werden dann in seinen Früchten verpackt. Je nach der Baumart kann man verpackte Sonnenstrahlen als Äpfel, Birnen, Zwetschgen, Pfirsiche oder Apfelsinen auf dem Markt kaufen. Sie schmecken alle verschieden, aber in Wirklichkeit bestehen sie alle – aus

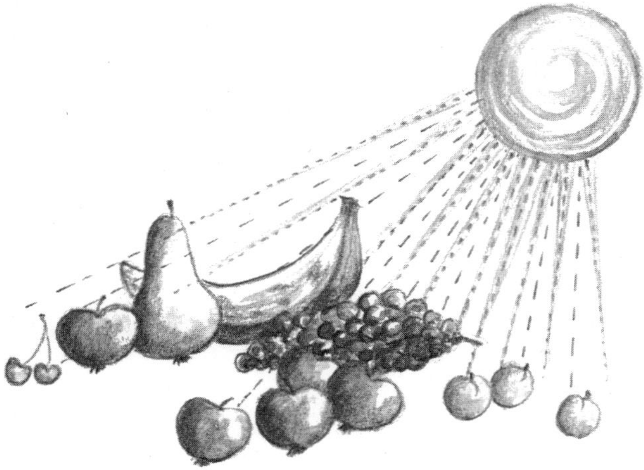

Sonnenstrahlen. So ist das mit allem, was du auf der Erde siehst."

„Das ist sehr spannend", sagte der Lichtstrahl. „Habt ihr nicht Zeit, um mit mir mitzukommen? Ich finde, ihr seid tolle Gesprächspartner! Ich glaube kaum, daß jemand anders mir alles so gut erklären kann wie ihr."

Was sollten die beiden Astronomen tun?

Wir werden verrückt, wir drehen durch, dachten sie – und ließen alles stehen, um mit dem neugierigen Lichtstrahl zu gehen und ihm die Erde zu erklären!

6 9637-8

Was haben Benzin und Erdöl mit der Sonne zu tun?

Sie öffneten die Tür – und schreckten schnell wieder zurück. Orkanartige Winde bliesen ihnen ins Gesicht. Draußen um Kitt Peak war der Teufel los!

„Warum gehen wir nicht?“ fragte der Lichtstrahl ungeduldig.

„Bei diesem Wetter?“ antworteten die beiden Astronomen. „Unmöglich! Der Wind würde uns umwerfen oder in die Luft schleudern.“

„Oh, die hatte ich fast vergessen. Es sind die beiden Winde, die auf mich warten. Ich schicke sie jetzt zurück.“

Der Lichtstrahl sprang durch das Fenster nach draußen und rief: „Freunde, ich brauche euch nicht mehr! Ich habe noch etwas Wichtiges zu erledigen.“

„Und was ist mit der Sonne?“ fragten die beiden Winde. „Ist sie richtig krank?“

„Überhaupt nicht. Sonnenflecken hatte sie schon vor langer langer Zeit. Die Menschen

wissen es seit dreihundertsiebzig Jahren."
„Juhuuuuu!" heulten die Winde vor Freude. „Juhuuuuu!" Und sie flogen weg.
Jetzt beruhigte sich das Wetter. Die beiden Wissenschaftler konnten mit dem Lichtstrahl hinausgehen.
„Wir haben aber nicht viel Zeit", erklärten sie. „Nur eine Stunde, unsere Mittagspause."
„Das genügt. Weil ich sehr schnell denken kann. Genauso schnell, wie ich mich bewegen kann. Ich bin der Schnellste der Welt!"
„Du bist *einer* der Schnellsten der Welt."
„Wieso einer?"
„Die Radiowellen bewegen sich auch mit 300 000 Kilometer pro Sekunde fort. Deshalb kann man in Europa im Fernsehen sofort sehen und hören, was in Amerika gesprochen und gesendet wird. Der elektrische Strom ist genauso schnell."
Sie stiegen in ein Auto, und der neugierige Lichtstrahl sagte: „Jetzt bin ich gespannt zu hören, wie die Sonne dieses Auto bewegt. Wo sind hier die Sonnenstrahlen?"
„Im Benzintank."

„Zeigt mal!"
Sie öffneten den Benzintank. Der Lichtstrahl steckte seinen Kopf hinein.
„Hier ist es ja dunkel! Und es stinkt fürchterlich. Ich sehe keine Sonnenstrahlen."
Jetzt kamen plötzlich Stimmen aus dem Benzintank: „Hier sind wir, hier! Im Benzin. Wir sind im Benzin verpackt. Wir, die Sonnenstrahlen."
„Und ihr bewegt das Auto?"
„Jaaa! Wenn wir im Motor verbrennen, bewegen wir seine Kolben. Und die Kolben geben die Bewegung weiter an die Räder."
„Gut. Aber wer hat euch so verflüssigt?" fragte der Lichtstrahl. „Ich bin ein Bote der Sonne. Ich komme direkt von der Sonne her. Aber auf der Sonne habe ich noch nie flüssige Sonnenstrahlen gesehen!"
Die Sonnenstrahlen vom Benzintank erklärten: „Das ist eine lange Geschichte. Wir haben vor Millionen von Jahren die Sonne verlassen. Wir kamen auf die Erde, und da passierte uns etwas, was tagtäglich vielen Sonnenstrahlen passiert – wir wurden von

Bäumen gefangengenommen. Die verpackten uns in ihre Stämme. Als die Bäume starben, fielen die Stämme aufeinander. Zu der Zeit war die Erde noch jung. Es gab oft Erdbeben. Meere bewegten sich, entstanden oder verschwanden. So landeten die Stämme unserer Bäume eines Tages auf dem Meeresgrund. Darüber lagerte sich Schlamm ab. Immer mehr. Das drückte ziemlich. Durch den gewaltigen Druck verwandelten sich die toten Pflanzen in Erdöl – eine schwarze, schmutzige Flüssigkeit. Wir schämten uns sehr: wir, die schönen, warmen Sonnenstrahlen – in eine so häßliche Flüssigkeit verwandelt! Bis auf einmal die Menschen uns auf die Erdoberfläche heraufpumpten. Sie nannten uns „flüssiges Gold", was sehr schön klingt. Sie verwandelten uns von Erdöl in Benzin. Und jetzt treiben wir ihre Autos an."

„Das heißt, die Sonne treibt ihre Autos an . . .", meinte der Lichtstrahl. „Daß so etwas möglich ist, hätte ich mir nie vorgestellt."

Zwei Teller voller Sonnenstrahlen

Sie fuhren los und kamen bald in eine Stadt. Es war Mittag, und die Wissenschaftler sagten zu dem Lichtstrahl: „Wir haben Hunger. Wir müssen etwas essen."
„Was ist das – Hunger?"
„Das heißt, daß unser Körper Sonnenstrahlen braucht. Jedes lebendige Wesen muß essen, um zu leben und auch um sich zu bewegen."
„Auch ihr bewegt euch durch die Kraft der Sonnenstrahlen?"
„Natürlich! Das haben wir dir schon gesagt."
Der Lichtstrahl schaute um sich und meinte: „Die Sonne scheint. Die Luft ist voll mit Sonnenstrahlen. Also macht den Mund auf und eßt!"
„So einfach geht das nicht. Wir werden in einem Restaurant essen."
„Was ist das – ein Restaurant?"
„Das wirst du gleich sehen."

Als der Kellner das Essen brachte – gegrilltes Fleisch, Pommes frites und Salat, dazu Apfelsaft –, fragte der Lichtstrahl: „Wo sind hier die Sonnenstrahlen?“
„Hier, hier“, kam es aus beiden Tellern. „Erkennst du uns nicht?“
„Nein. Ihr habt euch aber sehr verwandelt!“
„Das war so“, erklärten als erste die Fleisch-Sonnenstrahlen, „wir kamen vor zwei Jahren aus der Sonne. Wir fielen auf eine Wiese. Das Gras verschluckte uns sofort. So wurden wir

zu Gras. Einen Monat später wurde das Gras von einem Kalb gefressen. Da lagen wir plötzlich, verpackt in seinem Fleisch, auf seinem Rücken. Eines Tages wurde das erwachsene Rind geschlachtet – und jetzt sind wir plötzlich hier, in diesem Steak. Was weiter mit uns geschehen wird, ist uns ein Rätsel."

„Und wir, wir wurden vor einem Jahr von einer Kartoffelpflanze gefangengenommen!" riefen die Sonnenstrahlen aus den Pommes frites.

„Uns erging es ähnlich", meinten die Sonnenstrahlen aus Salat und Apfelsaft.

„Wie geht es der Sonne? Hast du Neuigkeiten von ihr?"

„Danke der Nachfrage", konnte der Lichtstrahl nur kurz antworten. „Ihr geht es gut!"

Bald hatten seine beiden Begleiter ihre Steaks samt Pommes frites und Salat aufgegessen und den Apfelsaft ausgetrunken.

„Was passiert jetzt mit den armen Sonnenstrahlen?" fragte der Lichtstrahl.

„Nichts Schlimmes. Sie werden uns ihre Energie abgeben."

„Werden sie dabei für immer verschwinden?"
„Nein, nein. Nichts auf der Welt verschwindet für immer. Alles verwandelt sich nur."
„Aber das arme Rind! Das ist doch für immer verschwunden."
„Nein, es hat sich nur verwandelt! So wie die Sonnenstrahlen. Alles, was in der Welt ist, bleibt ewig da. Die Materie ist ewig. Genauso wie die Energie. Die verwandelt sich nur."
„Entschuldigt, das habe ich aber überhaupt nicht kapiert. Was ist Materie, und was ist Energie?"
„Oh, das ist auch eine sehr schwierige Frage! Das ist ungefähr so: zum Beispiel – du bist Energie. Die Wärme ist Energie. Der Strom ist Energie. Das, was das flammende Feuer ausstrahlt, ist Energie.
Jede Bewegung kommt nur durch Energie zustande. Die Sonne strahlt ununterbrochen Energie aus, weil auf ihrer Oberfläche und auch in ihrem Innern jede Sekunde Tausende von Atomexplosionen stattfinden. Dabei verwandeln sich winzige Stückchen Materie in Energie: in Licht und Wärme. Verstanden?"

7 9637-8

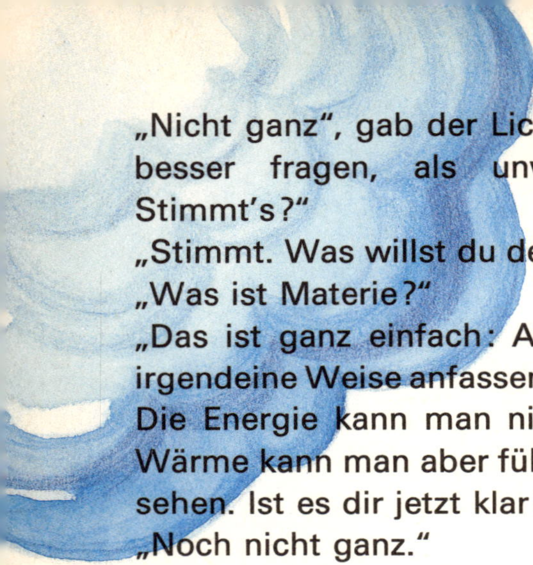

„Nicht ganz", gab der Lichtstrahl zu. „Aber besser fragen, als unwissend bleiben. Stimmt's?"

„Stimmt. Was willst du denn noch fragen?"

„Was ist Materie?"

„Das ist ganz einfach: Alles was man auf irgendeine Weise anfassen kann, ist Materie. Die Energie kann man nicht anfassen. Die Wärme kann man aber fühlen und das Licht sehen. Ist es dir jetzt klar?"

„Noch nicht ganz."

„Was gibt es denn noch zu fragen?"

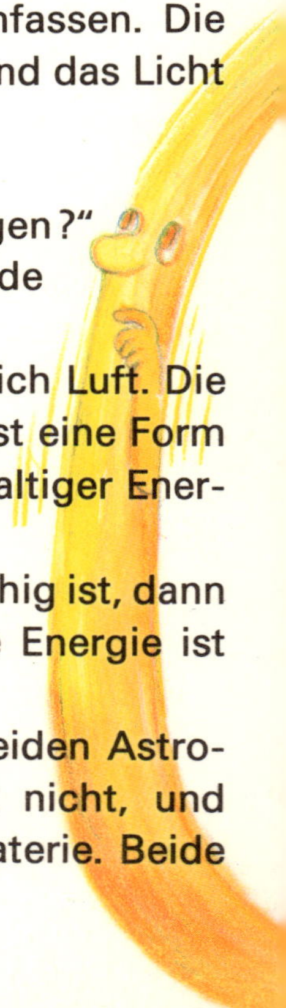

„Sind die Winde, die auf der Erde toben, Materie oder Energie?"

„Beides. Sie sind Materie, nämlich Luft. Die Luft ist in Bewegung, und das ist eine Form von Energie. Sie toben mit gewaltiger Energie. Ist dir jetzt alles klar?"

„Ich glaube, ja. Wenn die Luft ruhig ist, dann gibt es keinen Wind mehr, die Energie ist weg!"

„Stimmt nicht", seufzten die beiden Astronomen. „Energie verschwindet nicht, und genauso ist es auch mit der Materie. Beide sind ewig. Sie waren ewig da, und sie bleiben auch ewig. Das einzige, was mit ihnen geschieht, ist, daß sie sich verwandeln. Sie verwandeln sich von einer Form in die andere."

„Heißt das, ich werde mich auch in etwas anderes verwandeln?"

„Eines Tages sicher."

Der Lichtstrahl überlegte. „Es ist komisch", sagte er, „je mehr ich frage, desto mehr Fragen kommen mir in den Kopf. Vielleicht werde ich nach jeder Antwort dümmer?"

„Ganz im Gegenteil."

„Aber warum ist das so?"

„Das werden wir dir mit einer Geschichte klarmachen. Vor Jahren lebte auf der Erde ein großer Wissenschaftler, Herr *Isaac Newton.* Eines Tages sagte er vor seinen Studenten einen berühmten Satz des Philosophen Sokrates: *Ich weiß, daß ich nichts weiß.*

Die Studenten widersprachen sofort: ‚Das ist nicht wahr, Herr Professor! Sie wissen mehr als jeder von uns!'

‚Stimmt. Aber ich habe trotzdem recht', antwortete Newton. Dann zeigte er auf die schwarze Tafel und fuhr fort: ‚Stellt euch vor, die ganze Tafel ist das, was wir nicht wissen.' Er zog mit der Kreide einen kleinen Kreis und füllte ihn weiß aus. ‚Und das hier ist das Wissen von jedem von euch.'

Dann malte er einen viel größeren Kreis. ‚Das ist das, was ich weiß . . . Paßt jetzt gut auf. Seht ihr, daß ich viel mehr Berührungspunkte habe mit dem, was wir nicht wissen? Je größer mein Wissen ist, desto mehr erfahre ich, wieviel mehr noch zu erforschen ist. Ich weiß, wie wenig ich weiß.'

Der große Newton machte dann einen Punkt auf der schwarzen Tafel. ‚Das ist das, was ein ungebildeter Mensch weiß. Wie wir sehen, hat er kaum Berührungspunkte mit dem, was wir nicht wissen. Darum haben solche Menschen keine Zweifel und meinen, sie wüßten alles.'"

„Jetzt verstehe ich", sagte der Lichtstrahl: „Das heißt, je mehr ihr Menschen über die Sonne wißt, desto mehr neue Rätsel gibt euch euer Wissen auf."

„So ist es. Einiges wissen wir aber doch – und zwar sehr genau!"
„Zum Beispiel?"
„Wir wissen, daß die Sonne einen Durchmesser von 1 392 530 Kilometern hat. Auf diesen Durchmesser könnte man eine Kette von 109 Erden nebeneinander stellen. Wenn man um die Sonne eine Kette legen wollte, brauchte man 343 Erden. Weil die Erde einen Durchmesser von 12 738 Kilometern hat."
„Moment mal – was ist ein Kilometer? Woher haben die Menschen dieses Maß ‚Kilometer'?"
„Ein Kilometer, das sind eintausend Meter. Wissenschaftler haben den Meter als Maßeinheit festgelegt, indem sie vom Umfang der Erde ausgingen. Ein Meter ist der vierzigmillionste Teil des Erdumfangs, der durch Paris geht. Das ‚Urmeter' – aus Platin gemacht – wird deshalb auch in Paris aufbewahrt."
„Das habe ich verstanden. Und weiter."
„Wir wissen genau, daß das Leuchten der Sonne die Folge von Kernfusionen ist. Millio-

nen Kernverschmelzungen finden dort in jeder Sekunde statt. Die sichtbare Oberfläche der Sonne nennen wir Photosphäre. Sie ist nicht fest wie die Erdoberfläche, sondern sie ist eine dünne Gasschicht. Unterhalb der Photosphäre wird es schnell heißer und fester. Im Zentrum, im Sonnenkern, sind es so um 15 Millionen Grad. Für uns Menschen ist das furchtbar viel, wenn wir uns überlegen, daß das Wasser bei 0 Grad gefriert und bei 100 Grad kocht."

„Auf der Oberfläche – woher ich komme – war es aber nicht so heiß", meinte der Lichtstrahl.

„Das wissen wir auch. Die Temperatur der Sonnenoberfläche ist so um 6 000 Grad. Bei den Sonnenflecken ist sie noch niedriger – wir haben 4 240 Grad gemessen."

„Das finde ich wunderbar", seufzte der Sonnenstrahl. „Ich finde es echt wunderbar, daß ihr Menschen aus so einer riesigen Entfernung die Temperatur der Sonne messen könnt! Ist das nicht ein Wunder?"

„Wenn du uns fragst, ist es ein noch größeres

Wunder, daß wir hier mit dir reden", antworteten die beiden Astronomen. „Das ist so ein Wunder, daß keiner es uns je glauben wird."
„Außer einem Schriftsteller", sagte ich.
Ich aß am Nebentisch einen Hamburger und hatte das ganze Gespräch mitgehört. Ihr

könnt euch vorstellen, wie verblüfft die drei waren! So haben wir uns kennengelernt.
Wir fuhren dann alle zusammen zu der Sonnenwarte. Die beiden Astronomen – sie hießen Tom und Dick – zeigten mir und dem Lichtstrahl viele Fotos von der Sonne. Sie erklärten uns, daß bei der Sonnenforschung Erdsatelliten wie Skylab und Solar Maximum Mission eine große Rolle spielten.

*

Der Lichtstrahl nahm auf den Rückflug eines der Fotos mit. Er wollte es unbedingt der Sonne zeigen.
Auch ich habe einige Fotos mitgenommen. So ist dieses Buch entstanden.
Was mit dem Sonnenstrahl weiter geschehen ist, weiß ich nicht. Der ist sicher irgendwo auf der Welt unterwegs. Oder er steckt vielleicht in einem Apfel, den ein Kind heute ißt. Daß er noch lebt, dessen bin ich mir sicher. Weil auf der Welt nichts verschwindet. Alles war ewig da und wird ewig dasein.

Erstes Wissen

In der **Erzähl-mir-Serie**
von Dimiter Inkiow
sind folgende Titel erschienen:

Erzähl mir vom Wasser
Die Abenteuer von Plimp und Plomp

Erzähl mir vom Fliegen
Die ersten Flugabenteuer mit Schaf, Hahn und Ente

Erzähl mir von der Erde
Eine Geisterreise um die Welt

Erzähl mir vom Rad
Wie das Rad ins Rollen kam

Erzähl mir von der Sonne
Ein Sonnenstrahl auf großer Reise

Die **Erzähl-mir-Serie**
für Leseanfänger (1. bis 4. Klasse) vermittelt auf spannende und leicht verständliche Weise Sachwissen. Ein Frage- und Antwortspiel am Schluß des Buches vertieft das Gelesene.

Weitere Bände sind in Vorbereitung.

8 9637-8

Das Frage-
und Antwortspiel
SONNE

Frage

Wie weit ist die Sonne von der Erde entfernt?

Frage

Wie schnell ist/fliegt ein Lichtstrahl?

Frage

Warum darf man nicht direkt in die Sonne sehen?

Antwort

Von der Erde bis zur Sonne sind es rund 149 600 000 km. Der Mond ist nur 380 000 km von der Erde entfernt, d. h., die Sonne ist 400mal weiter weg als der Mond. Und trotzdem wärmt sie.

Antwort

Ein Lichtstrahl fliegt 300 000 km in 1 Sekunde. Weil die Erde einen Umfang von 40 000 km hat, kann ein Lichtstrahl in 1 Sekunde $7^1/_2$mal um die Erde fliegen. Um von der Erde bis zum Mond zu fliegen, braucht ein Lichtstrahl etwa $1^1/_3$ Sekunden; bis zur Sonne braucht er 8 Minuten, 18 Sekunden.

Antwort

Die Sonne ist viel zu hell für die menschlichen Augen. Wenn man direkt in die Sonne sieht, kann man erblinden. Auch eine Sonnenfinsternis darf man nur durch ein geschwärztes Glas beobachten.

Frage

Wie heißen die Instrumente, mit denen die Forscher die Sonne beobachten?

Frage

Ein Lichtstrahl bewegt sich mit 300 000 km/Sekunde. Was noch?

Frage

Wie lang ist ein Meter?

Antwort

Teleskope. Das sind die Fernrohre der Astronomen, der Sternforscher. Die Teleskope sind so groß, daß sie ein eigenes Haus brauchen und nur mit Motorkraft bewegt werden können.

Antwort

Radio- und Fernsehwellen. Deswegen können wir mit Japan telefonieren und Fernsehübertragungen „life" sehen, denn für die 10 000 km braucht die Welle nur $^1/_{30}$ Sekunde, und diese kleine Verzögerung merken wir nicht.
Strom in der Leitung. Wenn wir das Licht anknipsen, dann brennt es sofort, weil der Strom die paar Meter vom Schalter zur Lampe in Bruchteilen einer Sekunde durcheilt.

Antwort

Ein Meter ist der vierzigmillionste Teil des Erdumfangs. Bei einer Kugel ist es egal, ob man den Umfang am Äquator oder über Nord- und Südpol mißt. Aber die Erde ist keine richtige Kugel, sondern an den Polen abgeplattet.